mokykla - 学校   2

kelionė - 旅行   5

transportas - 交通运输   8

miestas - 城市   10

kraštovaizdis - 地形   14

restoranas - 餐馆   17

prekybos centras - 超市   20

gėrimai - 饮料   22

maistas - 食物   23

ūkininko ūkis - 农场   27

namas - 房子   31

svetainė - 客厅   33

virtuvė - 厨房   35

vonios kambarys - 浴室   38

vaiko kambarys - 儿童房   42

drabužis - 衣服   44

biuras - 办公室   49

ekonomika - 经济   51

profesijos - 职业   53

įrankiai - 工具   56

muzikos instrumentai - 乐器   57

zoologijos sodas - 动物园   59

sportas - 体育   62

užsiėmimai - 活动   63

šeima - 家   67

kūnas - 身体   68

ligoninė - 医院   72

nelaimingas atsitikimas - 紧急情况   76

Žemė - 地球   77

laikrodis - 钟表   79

savaitė - 周   80

metai - 年   81

formos - 形状   83

spalvos - 颜色   84

priešingos reikšmės žodžiai - 反义词   85

skaičiai - 数字   88

kalbos - 语言   90

kas / ką / kaip - 谁/什么/怎样   91

kur - 方位   92

Impressum
Verlag: BABADADA GmbH, Nedderfeld 112 , 22529 Hamburg
Geschäftsführer / Verlagsleitung: Harald Hof
Druck: Books on Demand GmbH, In de Tarpen 42, 22848 Norderstedt

Imprint
Publisher: BABADADA GmbH, Nedderfeld 112 , 22529 Hamburg, Germany
Managing Director / Publishing direction: Harald Hof
Print: Books on Demand GmbH, In de Tarpen 42, 22848 Norderstedt, Germany

dalinti
除

186/2

lenta
黑板

klasė
教室

mokyklos kiemas
校园

mokytojas
老师

popierius
纸

rašyti
书写

rašiklis
钢笔

rašomasis stalas
办公桌

liniuotė
直尺

knyga
书

mokinys
学生

kuprinė

书包

penalas

铅笔盒

pieštukas

铅笔

drožtukas

卷笔刀

trintukas

橡皮擦

piešimo bloknotas

画板

piešinys

图画

teptukas

画笔

dažų dėžutė

颜料盒

žirklės

剪刀

klijai

胶水

vadovėlis

练习册

namų darbai

家庭作业

numeris

数字

pridėti

加

atimti

减

dauginti

乘

skaičiuoti

计算

raidė

字母

abėcėlė

字母表

žodis

字

tekstas

课文

skaityti

读

kreida

粉笔

pamoka

上课

dienynas

登记

egzaminas

考试

pažymėjimas

证书

mokyklinė uniforma

校服

išsilavinimas

教育

enciklopedija

百科全书

universitetas

大学

mikroskopas

显微镜

žemėlapis

地图

šiukšliadėžė

废纸筐

viešbutis
酒店

Grand

svečių namai
青年旅社

ROOMS

valiutos keitykla
外币兑换处

EXCHANGE

lagaminas
手提箱

mašina
汽车

kalba

语言

taip / ne

是/否

Gerai

好的

sveiki

您好

vertėjas raštu

翻译员

Ačiū

谢谢

kiek kainuoja...?

......多少钱？

aš nesuprantu

我不明白

problema

问题

Labas vakaras!

晚上好！

Labas rytas!

早上好！

Labos nakties!

晚安！

viso gero

再见

kryptis

方向

bagažas

行李

krepšys

包

kuprinė

双肩包

svečias

客人

kambarys

房间

miegmaišis

睡袋

palapinė

帐篷

turizmo informacija

旅游信息

paplūdimys

海滩

kreditinė kortelė

信用卡

pusryčiai

早餐

pietūs

午餐

vakarienė

晚餐

bilietas

票

liftas

电梯

pašto ženklas

邮票

siena

边界

muitinė

海关

ambasada

大使馆

viza

签证

pasas

护照

kelionė - 旅行

lėktuvas
飞机

laivas
船

gaisrinė mašina
消防车

autobusas
公交车

sunkvežimis
卡车

motorinė valtis
汽艇

motociklas
自行车

mašina
汽车

keltas
......
摆渡船

valtis
......
小船

mopedas
......
摩托车

policijos automobilis
......
警车

lenktyninis automobilis
......
赛车

nuomojamas automobilis
......
租车

bendras automobilio
naudojimas

拼车

techninės pagalbos
automobilis

拖车

šiukšliavežė

垃圾车

variklis

发动机

degalai

汽油

degalinė

加油站

kelio ženklas

交通标志

eismas

交通

eismo spūstis

交通堵塞

mašinų stovėjimo aikštelė

停车场

traukinių stotis

火车站

bėgiai

轨道

traukinys

火车

tramvajus

电车

vagonas

货车

sraigtasparnis

直升机

oro uostas

机场

bokštas

塔

keleivis

乘客

konteineris

集装箱

dėžė

纸板箱

vežimėlis

手推车

krepšys

篮子

pakilti / nusileisti

起飞/降落

miestas
城市

kaimas

村庄

miesto centras

市中心

namas

房子

kino teatras
电影院

reklama
广告

gatvės žibintas
路灯

gatvė
街道

taksi
出租车

kioskas
小吃店

pėstysis
行人

šaligatvis
人行道

sankryža
十字路口

pėsčiųjų perėja
斑马线

šiukšliadėžė
垃圾箱

šviesoforas
红绿灯

trobelė

小屋

butas

公寓

traukinių stotis

火车站

rotušė

市政厅

muziejus

博物馆

mokykla

学校

universitetas

大学

bankas

银行

ligoninė

医院

viešbutis

酒店

vaistinė

药房

biuras

办公室

knygynas

书店

parduotuvė

商店

gėlių parduotuvė

花店

prekybos centras

超市

turgus

市场

universalinė parduotuvė

百货商店

žuvies parduotuvė

鱼店

prekybos centras

购物中心

uostas

海港

parkas

公园

suoliukas

长凳

tiltas

桥

laiptai

楼梯

metro

地铁

tunelis

隧道

autobusų stotelė

公交车站

baras

酒吧

restoranas

餐馆

lauko pašto dėžutė

邮筒

kelio ženklas

路标

parkomatas

停车计时器

zoologijos sodas

动物园

baseinas

游泳馆

mečetė

清真寺

ūkininko ūkis
农场

tarša
污染

kapinės
墓地

bažnyčia
教堂

žaidimų aikštelė
操场

šventykla
寺庙

kraštovaizdis
地形

lapas
树叶

kelio rodyklė
指示牌

kelias
路

pieva
草地

akmuo
石头

medis
树

ėjikas
徒步旅行
者

upė
河

žolė
草

gėlė
花

slėnis

峡谷

kalva

山

ežeras

湖

miškas

森林

dykuma

沙漠

ugnikalnis

火山

pilis

城堡

vaivorykštė

彩虹

grybas

蘑菇

palmė

棕榈树

uodas

蚊子

musė

苍蝇

skruzdėlė

蚂蚁

bitė

蜜蜂

voras

蜘蛛

vabalas

甲虫

varlė

青蛙

voverė

松鼠

ežys

刺猬

kiškis

野兔

pelėda

猫头鹰

paukštis

鸟

gulbė

天鹅

šernas

野猪

elnias

鹿

briedis

麋鹿

užtvanka

水坝

vėjo jėgainė

风力发电机

saulės baterija

太阳能电池板

klimatas

气候

padavėjas
服务员

meniu
菜单

kėdė
椅子

sriuba
汤

pica
披萨饼

stalo įrankiai
餐具

staltiesė
桌布

užkandis

前菜

pagrindinis patiekalas

主菜

desertas

甜点

gėrimai

饮料

maistas

食物

butelis

瓶子

greitai pateikiamas maistas

快餐

gatvės maistas

街边小吃

arbatinukas

茶壶

cukrinė

糖盒

porcija

一份饭菜

espreso aparatas

意式咖啡机

aukšta kėdė

高脚椅

sąskaita

账单

padėklas

托盘

peilis

刀

šakutė

餐叉

šaukštas

勺子

arbatinis šaukštelis

茶匙

servetėlė

餐巾

stiklinė

玻璃杯

lėkštė

碟子

sriubos lėkštė

汤盘

padėklas

碟子

padažas

酱

druskinė

盐瓶

pipirų malūnėlis

胡椒磨

actas

醋

aliejus

食用油

prieskoniai

调味料

kečupas

番茄酱

garstyčios

芥末

majonezas

蛋黄酱

specialus pasiūlymas
特价

pirkėjas
顾客

pieno produktai
乳制品

vaisiai
水果

troleibusas
购物车

FOR

mėsos parduotuvė
....
肉铺

kepykla
....
面包房

sverti
....
称重

daržovės
....
蔬菜

mėsa
....
肉

šaldytas maistas
....
冷冻食品

šalti mėsos užkandžiai

冷盘

konservai

罐头食品

skalbimo milteliai

洗衣粉

saldumynai

甜食

ūkinės prekės

日用品

valymo priemonės

清洁用品

pardavėja

销售员

kasos aparatas

收银机

kasininkas

收银员

pirkinių sąrašas

购物清单

darbo valandos

开放时间

piniginė

钱包

kreditinė kortelė

信用卡

maišelis

袋子

plastikinis maišelis

塑料袋

vanduo

水

sultys

果汁

pienas

牛奶

kola

可乐

vynas

红酒

alus

啤酒

alkoholis

酒

kakava

可可

arbata

茶

kava

咖啡

espresas

意式浓缩咖啡

kapučinas

卡布奇诺

bananas

香蕉

obuolys

苹果

apelsinas

橙子

arbūzas

西瓜

citrina

柠檬

morka

胡萝卜

česnakas

大蒜

bambukas

竹子

svogūnas

洋葱

grybas

蘑菇

riešutai

坚果

makaronai

面条

spagečiai

意大利面条

ryžiai

米饭

salotos

沙拉

traškučiai

薯条

keptos bulvės

炸土豆

pica

披萨饼

mėsainis

汉堡包

sumuštinis

三明治

pjausnys

炸猪排

kumpis

火腿

saliamis

萨拉米

dešrelė

香肠

vištiena

鸡肉

kepsnys

烤肉

žuvis

鱼

avižų dribsniai

燕麦片

dribsniai su priedais

穆兹利

kukurūzų dribsniai

玉米片

miltai

面粉

prancūziškasis ragelis

羊角面包

bandelė

面包卷

duona

面包

skrebutis

烤面包

sausainiai

饼干

sviestas

黄油

varškė

凝乳

tortas

蛋糕

kiaušinis

蛋

kiaušinienė

煎蛋

sūris

奶酪

ledai

冰激凌

cukrus

糖

medus

蜂蜜

uogienė

果酱

tepamas šokoladas

巧克力酱

karis

咖喱饭

sodyba
农舍

klėtis
粮仓

šieno kupeta
稻草捆

laukas
田野

arklys
马

priekaba
拖车

kumeliukas
马驹

traktorius
拖拉机

asilas
驴

avis
羊

ėriukas
羔羊

ožys

山羊

karvė

奶牛

veršis

牛犊

kiaulė

猪

paršelis

小猪

bulius

公牛

žąsis

鹅

antis

鸭

viščiukas

小鸡

višta

母鸡

gaidys

公鸡

žiurkė

鼠

katė

猫

pelė

老鼠

jautis

牛

šuo

狗

šuns būda

狗屋

sodo namas

花园浇水软管

laistytuvas

洒水壶

dalgis

长柄大镰刀

plūgas

犁

pjautuvas

镰刀

kauptukas

锄头

šakės

长柄草耙

kirvis

斧头

statinė

独轮手推车

lovys

饲料槽

bidonas

牛奶罐

maišas

麻布袋

tvora

栅栏

arklidė

马厩

šiltnamis

温室

dirva

土壤

sėkla

种子

trąšos

肥料

kombainas

联合收割机

rinkti

收割

derlius

收割

saldžiosios bulvės

山药

kviečiai

小麦

soja

大豆

bulvė

土豆

kukurūzai

玉米

rapsai

油菜籽

vaismedis

果树

manijokas

树薯

grūdai

谷物

kaminas
烟囱

stogas
屋顶

stogvamzdis
落水管

langas
窗户

garažas
车库

durų skambutis
门铃

durys
门

šiukšlių dėžė
垃圾桶

pašto dėžutė
信箱

sodas
花园

svetainė

客厅

vonios kambarys

浴室

virtuvė

厨房

miegamasis

卧室

vaiko kambarys

儿童房

valgomasis

餐厅

grindys

地板

siena

墙壁

lubos

吊顶

rūsys

地窖

sauna

桑拿

balkonas

阳台

terasa

露台

baseinas

游泳池

žoliapjovė

割草机

paklodė

被单

lovatiesė

床罩

lova

床

šluota

扫帚

kibiras

水桶

jungiklis

开关

tapetai
壁纸

nuotrauka
照片

šviestuvas
台灯

lentyna
搁架

spintelė
橱柜

televizorius
电视机

židinys
壁炉

gėlė
花

pagalvėlė
垫子

vaza
花瓶

sofa
沙发

nuotolinio valdymo pultelis
遥控器

kilimas

地毯

užuolaida

窗帘

stalas

餐桌

kėdė

椅子

supamasis krėslas

摇椅

fotelis

扶手椅

knyga

书

antklodė

毯子

papuošimai

装饰品

malkos

木柴

filmas

电影

stereo aparatūra

高保真音响

raktas

钥匙

laikraštis

报纸

paveikslas

油画

plakatas

海报

radijas

收音机

užrašų knygelė

笔记本

dulkių siurblys

吸尘器

kaktusas

仙人掌

žvakė

蜡烛

mikrobangų krosnelė
微波炉

šaldytuvas
冰箱

virtuvinės svarstyklės
厨房秤

skrudintuvas
烤面包机

ploviklis
洗洁精

orkaitė
烤箱

šaldymo kamera
冰柜

šiukšlių dėžė
垃圾桶

indaplovė
洗碗机

viryklė

炊具

puodas

锅

ketaus puodas

铸铁锅

„wok" keptuvė

炒锅

keptuvė

平底锅

virdulys

水壶

garų puodas

蒸锅

kepimo skarda

烤盘

porceliano indai

陶瓷锅

puodelis

马克杯

dubuo

碗

valgomosios lazdelės

筷子

samtis

长柄勺

mentelė

铲子

plaktuvas

搅拌器

koštuvas

滤网

sietas

筛子

trintuvė

磨碎机

grūstuvė

研钵

kepsninė

烧烤

atvira liepsna

明火

pjaustymo lentelė

菜板

kočėlas

擀面杖

kamščiatraukis

开瓶器

skardinė

罐子

skardinių atidarytuvas

开罐器

puodkėlė

隔热手套

kriauklė

水槽

šepetys

刷子

kempinė

海绵

trintuvas

搅拌机

šaldiklis

冷藏箱

kūdikių buteliukas

奶瓶

čiaupas

水龙头

šildymas
供暖设备

dušas
淋浴

rankšluostis
毛巾

dušo užuolaidos
浴帘

vonios putos
泡沫浴

vonia
浴缸

stiklinė
玻璃杯

skalbimo mašina
洗衣机

plytelės
瓷砖

čiaupas
水龙头

naktinis puodukas
便壶

kriauklė
水槽

unitazas

厕所

tupimasis unitazas

蹲便器

bidė

坐浴器

pisuaras

小便池

tualetinis popierius

厕纸

unitazo šepetys

马桶刷

dantų šepetėlis

牙刷

dantų pasta

牙膏

dantų siūlas

牙线

plauti

洗

dušo galvutė

手持式喷淋头

higieninis dušas

冲洗器

praustuvas

洗脸盆

nugaros plaušinė

擦背刷

muilas

肥皂

dušo želė

沐浴露

šampūnas

洗发水

plaušinė

法兰绒

kanalizacija

排水

kremas

乳霜

dezodorantas

除臭剂

veidrodis

镜子

veidrodėlis

手镜

skustuvas

剃须刀

skutimosi putos

剃须泡沫

losjonas po skutimosi

须后水

šukos

梳子

šepetys

刷子

plaukų džiovintuvas

吹风机

plaukų lakas

喷发定型剂

makiažas

化妆品

lūpdažis

唇膏

nagų lakas

指甲油

vata

化妆棉

žirklutės nagams

指甲剪

kvepalai

香水

maišelis skalbiniams

洗漱包

taburetė

凳子

svarstyklės

计重秤

chalatas

浴袍

guminės pirštinės

橡胶手套

tamponas

卫生棉条

higieninis įklotas

卫生巾

biotualetas

化学厕所

žadintuvas
闹钟

pliušinis žaislas
毛绒玩具

žaislinė mašinėlė
玩具车

barškutis
拨浪鼓

lėlės namelis
玩具屋

dovana
礼物

balionas

气球

lova

床

vaikiškas vežimėlis

（洋娃娃用）婴儿车

kortų malka

扑克牌

delionė

拼图

komiksai

漫画

lego kaladėlės

乐高积木

žaislinės kaladėlės

积木玩具

figūrėlė

玩具人

šliaužtinukai

婴儿服

mėtymo lėkštė

飞盘

karuselė

床铃玩具

stalo žaidimas

棋盘游戏

kauliukai

骰子

žaislinis traukinys

火车模型

žindukas

安抚奶嘴

vakarėlis

聚会

paveiksliukų knygelė

绘本

kamuolys

球

lėlė

洋娃娃

žaisti

玩

smėlio dėžė

沙坑

sūpynės

秋千

žaislai

玩具

žaidimų konsolė

游戏机

triratukas

三轮车

meškiukas

泰迪熊

drabužių spinta

衣柜

drabužis

衣服

kojinės

袜子

kojinės virš kelių

长袜

pėdkelnės

紧身裤

šalikas
围巾

diržas
皮带

skėtis
雨伞

marškinėliai
T恤

sportbačiai
运动鞋

ilgaauliai batai
靴子

šlepetės
拖鞋

sandalai
凉鞋

batai
鞋

guminiai batai
雨靴

trumpikės
内裤

liemenėlė
胸罩

liemenė
背心

glaustinukė
身体

kelnės
裤子

džinsai
牛仔裤

sijonas
短裙

palaidinė
女式衬衫

marškiniai
衬衫

megztinis
套头衫

megztinis su gobtuvu
卫衣

švarkelis
西装夹克

švarkas
夹克

paltas
外套

lietpaltis
雨衣

kostiumas
套装

suknelė
连衣裙

vestuvinė suknelė
婚纱

kostiumas

西装

naktiniai marškiniai

睡袍

pižama

睡衣

saris

莎丽

skarelė

头巾

tiurbanas

包头巾

burka

波卡

kaftanas

卡夫坦

abaja

(阿拉伯式)长袍长袍

maudymosi kostiumėlis

泳衣

glaudės

男式泳裤

šortai

短裤

sportinis kostiumas

运动服

prijuostė

围裙

pirštinės

手套

saga

纽扣

akiniai

眼镜

apyrankė

手链

vėrinys

项链

žiedas

戒指

auskaras

耳环

kepurė

便帽

pakabas

衣架

skrybėlė

帽子

kaklaraištis

领带

užtrauktukas

拉链

šalmas

头盔

breketai

背带

mokyklinė uniforma

校服

uniforma

制服

seilinukas

围兜

žindukas

安抚奶嘴

vystyklai

尿不湿

serveris
服务器

dokumentų spinta
文件柜

spausdintuvas
打印机

vaizduoklis
显示屏

popierius
纸

pelė
鼠标

rašomasis stalas
办公桌

aplankas
文件夹

klaviatūra
键盘

šiukšliadėžė
废纸筐

kėdė
椅子

kompiuteris
电脑

kavos puodelis

咖啡杯

kalkuliatorius

计算器

internetas

因特网

nešiojamasis kompiuteris

笔记本电脑

laiškas

信件

žinutė

消息

mobilusis telefonas

手机

tinklas

网络

fotokopijavimo aparatas

复印机

programinė įranga

软件

telefonas

电话

kištukinis lizdas

插座

faksas

传真机

forma

表格

dokumentas

文件

pirkti

买

mokėti

付钱

prekiauti

交易

pinigai

现金

doleris

美元

euras

欧元

jena

日元

rublis

卢布

Šveicarijos frankas

瑞士法郎

juanis

人民币

rupija

卢比

bankomatas

提款处

valiutos keitykla

外币兑换处

auksas

金

sidabras

银

nafta

石油

energija

能源

kaina

价格

sutartis

合同

mokestis

税金

akcijos

股票

dirbti

工作

darbuotojas

职员

darbdavys

老板

gamykla

工厂

parduotuvė

商店

52

ekonomika - 经济

policininkas
警官

ugniagesys
消防员

virėjas
厨师

gydytojas
医生

lakūnas
飞行员

sodininkas

园丁

stalius

木匠

siuvėja

裁缝

teisėjas

法官

chemikas

化学家

aktorius

演员

autobuso vairuotojas

公交车司机

taksi vairuotojas

出租车司机

žvejys

渔夫

valytoja

清洁女工

stogdengys

屋顶工

padavėjas

服务员

medžiotojas

猎人

dailininkas

画家

kepėjas

面包师

elektrikas

电工

statybininkas

建筑工人

inžinierius

工程师

mėsininkas

屠夫

santechnikas

水管工

paštininkas

邮递员

kareivis

士兵

architektas

建筑师

kasininkas

收银员

gėlininkas

花农

kirpėjas

理发师

konduktorius

售票员

mechanikas

机械师

kapitonas

船长

odontologas

牙医

mokslininkas

科学家

rabinas

拉比

imamas

伊玛目

vienuolis

和尚

kunigas

牧师

plaktukas
铁锤

replés
钳子

atsuktuvas
螺丝刀

raktas
扳手

suvirinimo aparat.
手电筒

ekskavatorius

挖掘机

įrankių dėžė

工具箱

kopėčios

梯子

pjūklas

锯子

vinys

钉子

grąžtas

钻机

taisyti

修

kastuvas

铲子

Velniava!

靠！

semtuvėlis

簸箕

dažų skardinė

油漆桶

varžtai

螺丝

muzikos instrumentai

乐器

garsiakalbis
扬声器

būgnų rinkinys
打击乐器

gitara
吉他

kontrabosas
低音提琴

trimitas
小号

pianinas

钢琴

smuikas

小提琴

bosinė gitara

贝斯

timpanas

定音鼓

būgnai

鼓

sintezatorius

电子琴

saksofonas

萨克斯管

fleita

长笛

mikrofonas

麦克风

tigras
老虎

jėjimas
入口

narvas
笼子

zebras
斑马

gyvūnų pašaras
动物饲料

panda
熊猫

gyvūnai

动物

dramblys

大象

kengūra

袋鼠

raganosis

犀牛

gorila

大猩猩

meška

熊

kupranugaris

骆驼

strutis

鸵鸟

liūtas

狮子

beždžionė

猴子

flamingas

火烈鸟

papūga

鹦鹉

baltoji meška

北极熊

pingvinas

企鹅

ryklys

鲨鱼

povas

孔雀

gyvatė

蛇

krokodilas

鳄鱼

zoologijos sodo prižiūrėtojas

动物园管理员

ruonis

海豹

jaguaras

美洲豹

ponis

矮种马

leopardas

豹

begemotas

河马

žirafa

长颈鹿

erelis

老鹰

šernas

野猪

žuvis

鱼

vėžlys

龟

vėplys

海象

lapė

狐狸

gazelė

羚羊

amerikietiškas futbolas
橄榄球

dviračių sportas
骑自行车

tenisas
网球

krepšinis
篮球

plaukimas
游泳

boksas
拳击

ledo ritulys
冰球

futbolas
英式足球

badmintonas
羽毛球

atletika
田径

rankinis
手球

slidinėjimas
滑雪

polas
马球

šokinéti
跳

juoktis
笑

apkabinti
拥抱

vaikščioti
走路

dainuoti
唱

svajoti
做梦

melstis
祈祷

bučiuoti
亲吻

rašyti
书写

piešti
画

rodyti
展示

stumti
推

duoti
给

imti
拿

turėti

有

daryti

做

būti

当

stovėti

站

bėgti

跑

traukti

拉

mesti

扔

kristi

摔倒

meluoti

躺

laukti

等待

nešti

携带

sėdėti

坐

rengtis

穿衣

miegoti

睡觉

pabusti

醒来

žiūrėti

看

verkti

哭

glostyti

抚摸

šukuoti

梳头

kalbėti

交谈

suprasti

明白

paklausti

问

klausytis

听

gerti

喝

valgyti

吃

tvarkytis

清理

mylėti

爱

gaminti

做饭

vairuoti

开车

skristi

飞

buriuoti

航行

skaičiuoti

计算

skaityti

读

mokytis

学习

dirbti

工作

vesti

结婚

siūti

缝

valytis dantis

刷牙

žudyti

杀

rūkyti

抽烟

siųsti

寄

senelė
祖母

senelis
祖父

tėvas
父亲

motina
母亲

kūdikis
婴童

dukra
女儿

sūnus
儿子

svečias

客人

teta

阿姨

dėdė

叔叔

brolis

兄弟

sesuo

姐妹

kūnas

身体

kakta
前额

akis
眼睛

petys
肩膀

pirštas
手指

veidas
脸

smakras
下巴

plaštaka
手

krūtinė
乳房

koja
腿

ranka
手臂

kūdikis

婴童

vyras

男人

moteris

女人

mergaitė

女孩

berniukas

男孩

galva

头

nugara

背部

pilvas

肚子

bamba

肚脐

kojos pirštas

脚趾

kulnas

脚后跟

kaulas

骨头

klubas

臀部

kelis

膝盖

alkūnė

手肘

nosis

鼻子

sėdmenys

屁股

oda

皮肤

skruostas

脸颊

ausis

耳朵

lūpa

嘴唇

burna
嘴

dantis
牙齿

liežuvis
舌头

smegenys
脑

širdis
心脏

raumuo
肌肉

plaučiai
肺

kepenys
肝脏

skrandis
胃

inkstai
肾脏

seksas
性交

prezervatyvas
避孕套

kiaušialąstė
卵子

sperma
精子

nėštumas
怀孕

menstruacijos

月经

makštis

阴道

varpa

阴茎

antakis

眉毛

plaukai

头发

kaklas

脖子

ligoninė
医院

greitosios pagalbos automobilis
救护车

invalidų vežimėlis
轮椅

lūžis
骨折

gydytojas

医生

skubios pagalbos skyrius

急诊室

slaugytoja

护士

nelaimingas atsitikimas

紧急情况

be sąmonės

昏迷

skausmas

痛

sužalojimas

受伤

kraujavimas

出血

širdies smūgis

心脏病发作

insultas

中风

alergija

过敏

kosulys

咳嗽

karščiavimas

发烧

gripas

流感

viduriavimas

腹泻

galvos skausmas

头痛

vėžys

癌症

diabetas

糖尿病

chirurgas

外科医生

skalpelis

手术刀

operacija

手术

KT

CT

rentgenas

X光

ultragarsas

超声波

veido kaukė

口罩

liga

疾病

laukiamasis

候诊室

ramentas

拐杖

gipsas

石膏

tvarstis

绷带

injekcija

注射

stetoskopas

听诊器

neštuvai

担架

termometras

体温计

gimimas

出生

antsvoris

超重

klausos aparatas

助听器

dezinfekavimo priemonė

消毒液

infekcija

感染

virusas

病毒

ŽIV / AIDS

艾滋病

vaistas

药物

skiepijimas

接种疫苗

tabletės

药片

piliulė

药丸

skubios pagalbos numeris

急救电话

kraujospūdžio matuoklis

血压计

ligotas / sveikas

生病/健康

Padėkite!

救命！

pavojaus signalas

警报

užpuolimas

突击

ataka

攻击

pavojus

危险

avarinis išėjimas

紧急出口

Gaisras!

着火啦！

gesintuvas

灭火器

nelaimingas atsitikimas

意外

pirmosios pagalbos rinkinys

急救箱

SOS

呼救信号

policija

警察

Europa

欧洲

Šiaurės Amerika

北美洲

Pietų Amerika

南美洲

Afrika

非洲

Azija

亚洲

Australija

澳洲

Atlanto vandenynas

大西洋

Ramusis vandenynas

太平洋

Indijos vandenynas

印度洋

Pietų vandenynas

南冰洋

Arkties vandenynas

北冰洋

Šiaurės ašigalis

北极

Pietų ašigalis

南极

Antarktida

南极洲

Žemė

地球

sausuma

陆地

jūra

海

sala

岛

tauta

国家

valstybė

国家

ciferblatas

钟面

valandinė rodyklė

时针

minutinė rodyklė

分针

sekundinė rodyklė

秒针

Kiek valandų?

现在几点？

diena

天

laikas

时间

dabar

现在

skaitmeninis laikrodis

电子表

minutė

分

valanda

时

pirmadienis
周一

MO

trečiadienis
周三

W

penktadienis
周五

FR

TU

TH

šeštadienis
周六

SA

antradienis
周二

SO

ketvirtadienis
周四

▼ sekmadienis
周日

vakar

昨天

šiandien

今天

rytoj

明天

rytas

早晨

vidurdienis

中午

vakaras

晚上

darbo dienos

工作日

savaitgalis

周末

lietus
雨

vaivorykštė
彩虹

sniegas
雪

vėjas
风

pavasaris
春

ruduo
秋

vasara
夏

žiema
冬

orų prognozė

天气预报

lauko termometras

温度计

saulės šviesa

阳光

debesis

云

rūkas

雾

drėgmė

潮湿

žaibas

闪电

griaustinis

打雷

audra

风暴

kruša

冰雹

musonas

季风

potvynis

洪水

ledas

冰

sausis

一月

vasaris

二月

kovas

三月

balandis

四月

gegužė

五月

birželis

六月

liepa

七月

rugpjūtis

八月

rugsėjis

九月

spalis

十月

lapkritis

十一月

gruodis

十二月

formos

形状

apskritimas

圆形

kvadratas

正方形

stačiakampis

长方形

trikampis

三角形

sfera

球体

kubas

立方体

balta

白

geltona

黄

oranžinė

橙

rožinė

粉

raudona

红

violetinė

紫

mėlyna

蓝

žalia

绿

ruda

棕

pilka

灰

juoda

黑

daug / mažai

很多/少许

piktas / ramus

生气/平静

gražus / bjaurus

美/丑

pradžia / pabaiga

首/尾

didelis / mažas

大/小

šviesus / tamsus

明/暗

brolis / sesuo

兄弟/姐妹

švarus / purvinas

干净/肮脏

užbaigtas / neužbaigtas

完整/缺失

diena / naktis

白天/晚上

miręs / gyvas

死/生

platus / siauras

宽/窄

valgomas / nevalgomas

可食用/非食用

piktas / malonus

邪恶/善良

linksmas / nuobodus

兴奋/无聊

storas / plonas

胖/瘦

pirmiausia / paskiausia

第一/最后

draugas / priešas

朋友/敌人

pilnas / tuščias

满/空

kietas / minkštas

硬/软

sunkus / lengvas

重/轻

alkis / troškulys

饿/渴

ligotas / sveikas

生病/健康

nelegalus / legalus

非法/合法

protingas / kvailas

聪明/愚笨

kairė / dešinė

左/右

arti / toli

近/远

naujas / naudotas

新/旧

niekas / kažkas

没有/有些

senas / jaunas

老/幼

įjungta / išjungta

开/关

atidaryta / uždaryta

打开/合上

tylus / garsus

安静/吵闹

turtingas / vargšas

富/穷

teisus / neteisus

对/错

šiurkštus / švelnus

粗糙/光滑

liūdnas / laimingas

伤心/高兴

trumpas / ilgas

短/长

lėtas / greitas

慢/快

drėgnas / sausas

湿/干

šiltas / šaltas

温暖/凉爽

karas / taika

战争/和平

0	1	2
nulis	vienas	du
零	一	二

3	4	5
trys	keturi	penki
三	四	五

6	7	8
šeši	septyni	aštuoni
六	七	八

9	10	11
devyni	dešimt	vienuolika
九	十	十一

12

dvylika

十二

13

trylika

十三

14

keturiolika

十四

15

penkiolika

十五

16

šešiolika

十六

17

septyniolika

十七

18

aštuoniolika

十八

19

devyniolika

十九

20

dvidešimt

二十

100

šimtas

百

1.000

tūkstantis

千

1.000.000

milijonas

百万

anglų

英语

amerikiečių anglų

美式英语

kinų (mandarinų)

普通话

hindi

印地语

ispanų

西班牙语

prancūzų

法语

arabų

阿拉伯语

rusų

俄语

portugalų

葡萄牙语

bengalų

孟加拉语

vokiečių

德语

japonų

日语

aš

我

tu

你

jis / ji

他/她/它

mes

我们

jūs

你们

jie

他们

kas?

谁？

ką?

什么？

kaip?

怎样？

kur?

哪里？

kada?

什么时候？

vardas

名字

už

后面

kur (vieta)

里面

priešais

前面

virš

上方

ant

上面

po

下面

prie

旁边

tarp

中间

vieta

地点